H. Lübbert

Die großbritannische Hochseefischerei (1912)

H. Lübbert

Die großbritannische Hochseefischerei (1912)

ISBN/EAN: 9783954270637
Erscheinungsjahr: 2012
Erscheinungsort: Bremen, Deutschland

© maritimepress in Europäischer Hochschulverlag GmbH & Co. KG, Fahrenheitstr. 1, 28359 Bremen. Alle Rechte beim Verlag und bei den jeweiligen Lizenzgebern.

www.maritimepress.de | office@maritimepress.de

Bei diesem Titel handelt es sich um den Nachdruck eines historischen, lange vergriffenen Buches. Da elektronische Druckvorlagen für diese Titel nicht existieren, musste auf alte Vorlagen zurückgegriffen werden. Hieraus zwangsläufig resultierende Qualitätsverluste bitten wir zu entschuldigen.

H. Lübbert

Die großbritannische Hochseefischerei (1912)

Die großbritannische Hochseefischerei.
Von H. Lübbert.

Jede Hochseefischerei ist aus der Küstenfischerei und diese meistens wieder aus der Binnenfischerei, insbesondere der Befischung der Flüsse entstanden. In Großbritannien scheint der Übergang von der Binnenfischerei zur Küstenfischerei im 5. Jahrhundert vor sich gegangen zu sein, und zwar an der Ostküste Südenglands, in den Grafschaften Norfolk und Suffolk. Wenn wir uns vergegenwärtigen, daß um jene Zeit die Angelsachsen auf ihrer Überfahrt nach England zuerst mit einem Kiel versehene, also seetüchtigere Schiffe nach England brachten, fällt es nicht schwer, anzunehmen, daß die neuen Herren des Landes mit ihren besseren Fahrzeugen die Küstenfischerei geschaffen haben. Genaues wissen wir allerdings nicht. Die nächsten Überlieferungen stammen erst aus der Zeit um 900 n. Chr. Damals soll auch in Schottland schon eine erhebliche Küstenfischerei auf Hering ausgeübt worden sein. Aus dem Jahre 1108 wird uns dann berichtet, daß Yarmouth in Südengland, der wichtigste Hafen der Grafschaft Norfolk, von Heinrich I.

Bei meinen wiederholten Besuchen der britischen Fischereihäfen haben mir die Kaiserlich Deutschen Konsuln Herren Hitzen in Grimsby, Ludwig in Aberdeen, Schultetus in Hull, ferner die Herren Dance, Fish Market Superintendent in Grimsby, Robinson, Fish Traffic Agent in Hull, vor allem aber Herr Nicol, Harbour Engineer in Aberdeen in der liebenswürdigsten Weise Auskunft erteilt. Ich erlaube mir, ihnen auch an dieser Stelle zu danken. Der Verfasser.

zur Stadt erhoben wurde und dafür dem König eine jährliche Naturalabgabe in Heringen leisten mußte. Auch aus den nächsten Jahrhunderten liegen uns wenig Zeugnisse vor. Sicher ist, daß die von Südengland und Schottland sich damals kräftig entwickelnden Heringsfischereien sich noch in unmittelbarer Nähe der Küste abspielten.

Die englische Regierung hat aber schon früh die Notwendigkeit, für eine Ausdehnung der Fischerei auf die hohe See zu sorgen, erkannt. Schon 1633 wurden von der Regierung Prämien gezahlt für alle Fischerfahrzeuge, die eine bestimmte Größe überschritten, und für jede Tonne gelandeten Seefisches. Das geschah einerseits, um der Bevölkerung die wichtige Fischnahrung in größeren Mengen zuzuführen, anderseits, weil man schon damals in Großbritannien den Wert der

Abbild. 1. **Shetland-Angelboot (liner).**

Seefischerei als einer unvergleichlichen Vorschule für den Dienst in der Kriegsmarine erkannte. Um diese Bestrebungen zu unterstützen, wurde im Jahre 1749 der Britische Fischereiverein — Society of British Fisheries — gegründet. Von diesem Jahre ab bezahlte die Regierung allen Hochseefischereifahrzeugen von 20 bis 80 tons Größe eine Prämie von 36 sh für die Tonne; diese Prämie wurde im Jahre 1757 auf 56 sh für die Tonne und zu Ende des achtzehnten Jahrhunderts auf 80 sh für die Tonne erhöht. Im Jahre 1837 wurden an derartigen Prämien nicht weniger als 286 000 Mark an Seefischer des vereinigten Königreichs ausgezahlt. Nach diesem Jahre hörten in England alle direkten Unterstützungen der Seefischerei auf: das Gewerbe war so stark geworden, daß es ihrer nicht mehr bedurfte. In Schottland, das eine gesonderte Fischereiverwaltung hat, sind noch bis 1890 den Seefischern Darlehen zur Beschaffung von Fahrzeugen gegeben.

Die britische Seefischerei wurde damals und wird auch heute noch hauptsächlich mit drei verschiedenen Geräten ausgeübt: mit Angeln und Langleinen, mit dem Grundschleppnetz und mit dem Treibnetz; man bezeichnet die Fahrzeuge danach als liners, trawlers und drifters. (Abbild. 1 bis 3.) Von der Treibnetzfischerei, die fast ausschließlich auf den Fang des Herings gerichtet ist, zum großen Teil auch nur als Küstenfischerei betrieben wird, will ich hier nicht sprechen; sie ist so bedeutend, daß sie eine besondere Behandlung erfordert.

Abbild. 2. **Treibnetzfischerboot von Wexford (drifter).**

Die Angelfischerei hatte sich um 1840 dahin entwickelt, daß man mit seegehenden Fischerkuttern mit Bünn[1]) (well smacks) fischte. Die beköderten Angelhaken saßen an dünnen Leinen von 30 Zoll Länge; diese dünnen Leinen waren in Abständen von je 10 Fuß an einer langen Leine befestigt, die auf dem Meeresboden verankert wurde. Jede dieser Langleinen war etwa 3000 bis 3500 Fuß lang. Die Fahrzeuge, die eine große Anzahl solcher Leinen führten, waren 50 Fuß lang und hatten eine Besatzung von 10 Mann.

Seit Beginn der 80er Jahre des vorigen Jahrhunderts wird die Angelfischerei auch mit Dampfern ausgeübt, die

---

[1]) Bünn heißt der mittschiffs eingebaute Fischbehälter mit durchlöcherter Wandung, in dem die Fische lebend zum Hafen gebracht werden können.

120 Fuß lang sind, einen Raumgehalt von 220 Registertonnen brutto und eine Maschine von 500 indizierten P. S. haben. Einige dieser Dampfer haben zwei Bünnen, die 40 tons Wasser fassen und durch 360 Löcher im Boden mit dem Außenwasser in Verbindung stehen. Die Besatzung besteht aus 16 Mann. Es gibt nicht sehr viele — im ganzen etwa 100 — Angeldampfer in Großbritannien, die vorhandenen machen aber meistens recht gute Geschäfte.

Viel wichtiger als die Angelfischerei ist die **Grundschleppnetzfischerei**, das **trawling**, wie diese Fischerei in der englischen Sprache heißt. Das Wort soll von dem altfranzösischen Worte »trauler« abgeleitet sein, das soviel wie: hin- und hergehen oder hin- und herziehen bedeutet. Danach scheint es, daß dieser Fischereibetrieb zuerst von französischen Fischern ausgeübt wäre. Möglich ist es schon, daß die Engländer ihn von den Franzosen übernommen haben: denn in England ist trawl-Fischerei zuerst von den der französischen Küste gegenüberliegenden Kanalhäfen Plymouth und Brixham, etwa von 1750 ab, ausgeübt worden. Es waren nur kleine Fahrzeuge, die man damals benutzte. Sie gingen auf ein bis zwei Tage in See und befischten nahe der Küste belegene Bänke, zwischen Starpoint und Portland. In der Folge entwickelte sich namentlich die Fischerei von Brixham außerordentlich; dort waren 1840 60 Fahrzeuge, 1852 70, 1863 85 und 1872 100 Fahrzeuge beheimatet.

Die Seefischer von Brixham, kühne und unternehmende Seeleute, spielten für England etwa die Rolle, wie bei uns die Blankeneser Seefischer im 18. und die Finkenwärder im 19. Jahrhundert.[1]) Sie dehnten ihren Betrieb,

---

[1]) Näheres siehe Meereskunde, 3. Jahrg., 9. Heft. Die deutsche Hochseesegelfischerei in Vergangenheit und Gegenwart. Von H. Lübbert.

mit größer gebauten Fahrzeugen, nach Osten aus, kamen bald nach 1800 in die Nordsee und befischten regelmäßig den westlichen Teil der Doggerbank. Ihre Fänge brachten sie vielfach nach Lowestoft, Yarmouth und Scarborough. Etwa um 1835 entdeckten die Brixham-Fischer den besonders ergiebigen Seezungenfanggrund »Silver pit«. Infolge dieser Entdeckung wandten sich nun auch die Fischer der benachbarten Häfen, insbesondere die von Yarmouth, der trawl-Fischerei zu. Anfangs brachte man diese Fänge meistens nach Scarborough, da es aber hier an allen Einrichtungen für den Verkauf der Fische und die Reparatur der Fahrzeuge mangelte, zog sich die Fischerei

Abbild. 3. Schleppnetzfischerboot von Southwold (trawler).

etwa um 1840 nach dem am Humber belegenen, schon damals bedeutenden Hafen Hull, wo sie sich schnell entwickelte und ausdehnte. Zehn Jahre später, 1851 erst, wurde durch die weitausschauende Politik einer Eisenbahngesellschaft, der Manchester, Sheffield and Lincoln Railway Co. (heute Great Central Railway Co.) der Grund gelegt für den heute bedeutendsten Fischereiplatz der Welt, Grimsby. 30 Jahre später, 1880, waren an diesem Platz 900 seegehende Fischerkutter, smacks genannt, beheimatet.

Außer am Humber entstanden Mittelpunkte der Hochseesegelfischerei in Yarmouth, in Lowestoft (Abbild. 5), in

Scarborough und Ramsgate, in Brixham, Plymouth, Newlyn, Milford, Fleetwood. In Schottland fand das »trawling« mit Segelfahrzeugen keinen Eingang. Dort wurde, wie von altersher, mit Treibnetz und Angel gefischt.

Die hölzernen Segeltrawler (smacks) waren in den 70er und 80er Jahren des vorigen Jahrhunderts sehr schöne und sehr seetüchtige Fahrzeuge (Abbild. 4), bis zu 70 Fuß lang, mit einer Besatzung von fünf Mann: das Grundschleppnetz, ein Baumnetz, wurde anfangs mit einer Handwinde, später aber mit einem Dampfspill eingeholt.

Abbild. 4. Smack von Lowestoit.

Das Netz wurde bis in die 60er Jahre aus Hanf, danach aus Manila, gefertigt.

Die rapide Entwicklung der englischen trawl-Fischerei bewirkte natürlich eine Verminderung der Fischbestände der Nordsee in der Nähe der britischen Küsten. Man dehnte die Fangfahrten daher immer weiter ostwärts aus. Schon 1848 fanden sich die ersten »smacks« auf dem Borkumriffgrund ein: sie mögen hier von den Finkenwärder Fischern, die diesen Grund im Sommer und Herbst auf Seezungen und Steinbutt befischten — und auch heute noch befischen —, mit recht gemischten Gefühlen begrüßt sein. 1862 fischten die englischen Kutter auch schon auf den Bänken vor der Schleswig-Holsteinschen Küste bei Amrum, Sylt, Fanö und Horns-Riff. Zu dieser Zeit wurde also schon das gesamte Gebiet der südlichen Nordsee von ihnen bearbeitet.

Die weiten Reisewege, welche die englischen Segel-

Abbild. 5. **Smacks im Fischereihafen von Lowestoft.**

fischer zurückzulegen hatten, legten natürlich schon früh den Gedanken nahe, die Dampfkraft dem Gewerbe dienstbar zu machen. Das geschah aber zunächst nicht in der Weise, daß man Dampffischerfahrzeuge baute: man stellte vielmehr Dampfer ein, die auf See den Segelfahrzeugen den Fang abnahmen und ihn in den Hafen brachten. Diese Methode war deswegen möglich, weil die Segelfischerei in England, im Gegensatz zu unseren Verhältnissen, weniger von Kleingewerbetreibenden, als von großen Aktiengesellschaften ausgeübt wurde, denen Dutzende von »smacks« gehörten, die in Flotten, unter dem Befehl eines Führers, des sogenannten Admirals, zusammen fischten. So konnte der Transportdampfer, der »carrier«, der ganzen Flotte den Fang abnehmen und ihn nach Hause bringen. Mit der Zeit wurden diese Transportdampfer auch zum Fischen eingerichtet, damit sie, wenn sie auf dem Fangplatz der Segelfischerflotte eintrafen, bevor diese eine volle Ladung zusammengefischt

Abbild. 6. Älterer Fischdampfer von Grimsby, 93 Fuß lang.

hatte, die Wartezeit mit Fischen ausfüllen konnten. Erst nach 1880 baute man, nachdem einige mit umgebauten Schleppdampfern vorgenommenen Versuche gute Erfolge ergeben hatten, etwa gleichzeitig mit dem deutschen Versuch, den bekanntlich der Fischhändler Busse in Geestemünde 1884 vornahm, auch in England eigentliche Fischdampfer. Anfangs machte man schlechte Erfahrungen mit der neuen Betriebsart: Anschaffungskosten (100 000 Mark) und Betriebskosten waren, im Vergleich zu den Seglern, sehr hoch, der Verdienst im Verhältnis nicht groß

Die großbritannische Hochseefischerei.

genug. Die Entwicklung war dementsprechend in den nächsten Jahren eine nur langsame: 1888 waren in Hull erst 15, in Grimsby nur 12 Fischdampfer (steam-trawler) in Fahrt, und Sachverständige sprachen sich in beiden Orten dahin aus, daß die Fischdampfer sich nicht bewährten; sie würden die Fischsegler wohl nicht verdrängen. Ein recht kurzsichtiges Urteil! Damals waren

Abbild. 7. Neuster Typ des Fischdampfers von Grimsby, 117 Fuß lang.

in Grimsby etwa 900, in Hull etwa 400 Segelfischerfahrzeuge beheimatet; heute fahren von Grimsby nur noch 18 Segel-trawler, dafür aber 650 Fischdampfer und von Hull etwa 50 Segler und 450 Fischdampfer zum Fange aus.

Die ersten englischen Fischdampfer (Abbild. 6) waren 90 bis 100 Fuß lang, die Maschinen hatten 200 P. S. Gefischt wurde mit dem gleichen Gerät, mit dem die »smacks« gearbeitet hatten, dem Baumnetz (beam trawl). Dieses Gerät, sonst sehr wirksam und ergiebig, hatte den großen Nachtteil, daß man die Netzöffnung nicht nach Belieben

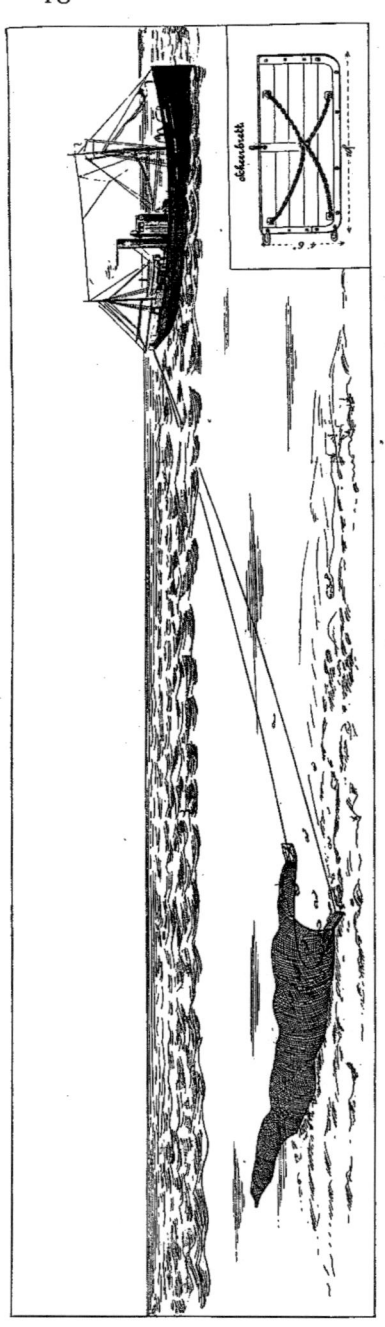

Abbild. 8. **Britischer Fischdampfer, mit dem Scheernetz fischend.** Rechts eines der zwei das Netz offen haltenden Scheerbretter.

vergrößern konnte. Der diese offenhaltende Baum war in seiner Länge durch die Größe des Dampfers und die Unhandlichkeit bei zu großen Abmessungen und zu großem Gewicht beschränkt. Deswegen beschäftigten sich intelligente Fischdampferkapitäne und andere Fachleute bald mit Versuchen, eine Änderung des Geräts nach dieser Richtung hin zu finden. Nach mehreren Versuchen anderer, die nicht geglückt waren, gelang es einem Schotten, Scott aus Granton, im Jahre 1894, des Rätsels Lösung in dem Scheernetz (otter trawl) (Abbild. 8) zu finden. Erst das »otter trawl« hat die schnelle weitere Entwicklung der englischen und schottischen Dampffischerei ermöglicht — denn auch von dem schottischen Hafen Aberdeen hatte man inzwischen angefangen, die Dampferfischerei zu betreiben.

Längst waren, da mit der immer mehr wachsenden Zahl der Dampfer der Fischreichtum auf den Gründen der Nordsee abnahm, deren

Grenzen überschritten: 1891 wagte sich der erste Grimsbyer Dampfer an die Südküste von Island; bei Ingolshöfde machte er einen großen Fang an Schellfisch. Andere folgten, und heute fischen viele Dampfer namentlich von Hull und Grimsby in den isländischen Gewässern. Aber

Abbild. 9. **Reicher Fang an Deck des Dampfers.**

auch hiermit war der Unternehmungsgeist der britischen Fischdampferreeder noch nicht zu Ende. Östlich bis in die Barents-See, von wo hauptsächlich große Schollen geholt werden, und südlich bis an die Küste Spaniens und Marokkos dehnen die Dampfer jetzt ihre Fangreisen aus.

Bevor wir uns mit den englischen und schottischen Fischereihäfen näher beschäftigen, müssen wir uns zunächst die besondere Bedeutung Londons als Groß-Fischkonsument klarmachen. Wir müssen uns vergegenwärtigen, daß in London und dessen näherer Umgegend heute mehr als sieben Millionen Menschen leben, somit von der 42 Millionen umfassenden Einwohnerschaft Großbritanniens der sechste Teil. Vergleichen wir mit deutschen Verhältnissen, so lebt in Berlin und Umgegend nur der 20. Teil der Einwohnerschaft Deutschlands. Daraus erhellt, eine wieviel größere Rolle London in seiner Eigenschaft als Großkonsument von Lebensmitteln spielt als Berlin.

Abbild. 10. **Die Fische werden geschlachtet und ausgenommen.**

Das kommt auch für die Fischversorgung Londons in Betracht; sein großer, an der Themse in der City belegener Fischmarkt Billingsgate ist der größte Kunde aller englischen Fischereihäfen. Das geht so weit, daß für die Prosperität eines englischen Fischereihafens eigentlich die Frage seiner Eisenbahnverbindung mit London die größte Bedeutung hat. Die weiteren Vorbedingungen: Ansegelbarkeit bei jeder Tide, brauchbare Kais und Hallen, billige Kohlen und billiges Eis kommen erst in zweiter Linie.

Die meisten und größten englischen Fischereihäfen gehören den großen Eisenbahngesellschaften; so der von Grimsby der Great Central Railway Co., Hull und Hartlepool der North Eastern Railway Co., Milford und Swansea der Great Western Railway Co., Lowestoft der Great Eastern Railway Co., Padstow der London and South Western Railway Co.

Die Tätigkeit der großen Eisenbahngesellschaften für die Entwicklung der englischen Seefischerei ist eine ganz bedeutende gewesen, von gleicher Bedeutung wie die Einführung des »trawling«. Aber auch umgekehrt ist die Fischerei natürlich für die Eisenbahngesellschaften sehr wichtig, da viel Geld mit den Fischfrachten verdient wird. Die großen Eisenbahngesellschaften haben denn auch alle besondere Abteilungen für den Fischverkehr. Die britischen Eisenbahnen befördern jährlich mehr als 10 Millionen Zentner frische Seefische, die deutschen etwa 1 Million Zentner.

Die Eisenbahnlinien, welche die Fischereihäfen mit Billingsgate-Fischmarkt verbinden, münden von allen Seiten in die Hauptstadt. (Abbild. 11.) Zentralbahnhöfe gibt es in London weder für den Personen- noch für den Frachtverkehr. Jede Eisenbahngesellschaft hat vielmehr ihren eigenen Bahnhof. Da bei den jüngeren Eisenbahn-

Abbild. 11. **Die Seefischversorgung Londons durch die englischen Eisenbahnen.**

G. W. R. Große Westbahn.
G. N. R. Große Nordbahn.
G. E. R. Große Ostbahn.
N. E. R. Nordostbahn.

L. und N. W. R. London- und Nordwestbahn.
L. und S. W. R. London- und Südwestbahn.
L. B. u. S. C. R. London-, Brighton- u. Südküstenbahn.
S. E. und C. R. Südost- und Chathambahn.

gesellschaften die Bahnhöfe sehr weit vom Zentrum abliegen, so sind die Entfernungen bis zu dem Billingsgate-Fischmarkt oft recht groß, namentlich für die von Norden und Westen einmündenden Linien. Die Fischsendungen müssen auf Wagen zum Teil mehrere Stunden weit nach Billingsgate befördert werden. Alle Fische, die nach London bestimmt sind, müssen zwischen 2 und 3 Uhr nachts auf den Bahnhöfen eintreffen, wenn sie noch rechtzeitig zu dem 6 Uhr früh beginnenden Verkauf in Billingsgate sein sollen. Die in einer Nacht zu befördernden Mengen sind häufig sehr groß. Am Gründonnerstag 1909 hatte die Great Western Railway Co. von Paddington-Station 6000 Kolli, die Great Central Railway Co. von Marylebone-Station 12000 Kolli nach Billingsgate zu schaffen.

Die jährlichen Anfuhren des Billingsgate-Marktes betrugen 1908 fünf Millionen Zentner gegenüber 500000 Zentnern, die Hamburg-Altona, und 600000, die Geestemünde im gleichen Jahre hatten. Die Anfuhren sind ziemlich gleichmäßig über das ganze Jahr verteilt, aber am größten in den Monaten Mai bis September; der Londoner ißt also vernünftigerweise im Sommer mehr Fische als im Winter, während es bei uns leider umgekehrt ist.

Von den fünf Millionen Zentnern kommt etwa ein Sechstel, nämlich 800000 Zentner nicht mit der Eisenbahn, sondern mit Fischdampfern an. Für Billingsgate fischen 25 Fischdampfer, die in London zu Hause sind, und etwa 180 Fischdampfer von Hull. Die Huller Dampfer gehören drei großen Gesellschaften, die nach dem »fleeting«-System fischen. Die »fleeter« sind langsame Dampfer mit großem Kohlenbunker und kleinem Fischraum; sie können daher sechs bis acht Wochen auf See bleiben, müssen aber ihre Fische bald abgeben. Von diesen drei großen Flotten sammelt nun täglich je ein carrier — wenn es das Wetter gestattet — die Fänge ein und bringt sie an den Londoner Markt. Jeder carrier landet durchschnittlich 800 Zentner am Tag, also die drei zusammen 2400 Zentner.

Ist schon der Wagentransport vom Bahnhof zum Markt primitiv, so ist es das Löschen der Dampfer (Abbild. 12) und der Wagen noch viel mehr: die schweren Kisten werden auf dem Kopf hinein und wieder hinausgetragen. Die Träger benutzen dabei dick gepolsterte Lederhüte. Jede Kiste wird vor dem Auktionsstand niedergesetzt, gleich verkauft und dann wieder weggetragen. Dabei ist zu bedenken, daß, bei fünf Millionen Zentnern im Jahr, durchschnittlich 17 000 Zentner,

Abbild. 12. Das Auftragen der Fischkisten vom Dampfer zum Billingsgate-Fischmarkt.

also 1 700 000 Pfund, in dieser ebenso umständlichen wie kostspieligen Weise täglich mehrmals bewegt werden müssen. Dafür sind etwa 1000 Träger erforderlich.

Der Verkehr, der sich allmorgendlich am Billingsgate-Fischmarkt abspielt, ist ungeheuer. Immer aufs neue muß man sich darüber wundern, daß es auf dem so außerordentlich beschränkten Platz und ohne alle technischen Hilfsmittel möglich ist, den riesigen Verkehr zu bewältigen. Es wickelt sich aber alles immer wieder glatt ab, und täglich erfüllt der Billingsgate-Fischmarkt aufs neue seine Aufgabe, einen ganz gewaltigen Teil des Fanges der britischen Hochseefischerei dem Konsum zuzuführen.

Von den Fischereihäfen Englands ist der von Grimsby bei weitem der bedeutendste. Im Jahre 1851 war Grimsby ein kleiner unbedeutender Küstenort mit 6000 Einwohnern ohne irgendwelche erhebliche Fischerei. Um 1840 hatten die kühnen Seefischer von Brixham, die Schöpfer der britischen Hochseefischerei, erst Scarborough, dann bald darauf Hull zum Stützpunkt ihres Hochseefischereibetriebes

Abbild. 13. **Fischdock I in Grimsby.**

gemacht. Da an dem Fischversand die Eisenbahnen gut verdienten, so entschloß sich die an dem Huller Fischfrachtgeschäft nicht beteiligte Manchester & Lincoln & Sheffield Railway Co. — heute Great Central R. Co. —, um auch ihrerseits in das Fischgeschäft hineinzukommen, sich einen eigenen Fischereihafen zu schaffen; sie wählte dafür den Küstenplatz Grimsby, wegen seiner außerordentlich günstigen Lage dicht an der offenen See. Da in Grimsby keine Fischerei bestand, so mußte die neue Eisenbahngesellschaft zunächst ihre Fische s e l b s t fangen: sie stellte im Jahre 1851 acht Hochseefischerkutter (smacks) in Fahrt. Um auch andere Fischerfahrzeuge zu veranlassen, ihren Fang in Grimsby zu löschen, wurden außergewöhnliche Vorteile geboten: die Eisenbahngesellschaft beförderte drei Jahre lang alle in Grimsby gelandeten Fische f r a c h t f r e i nach London; im Hafen wurden k e i n e r l e i Abgaben erhoben; zum Aus- und Einschleppen der Segelfischerfahrzeuge wurde ein Schleppdampfer k o s t e n f r e i zur Verfügung gestellt, und schließlich wurde das Verpackungsmaterial zum Versenden der Fische u n e n t g e l t l i c h geliefert. Gleichzeitig begann die Gesell-

Abbild. 14. **Fischdock II in Grimsby.**

schaft mit dem Bau von Hafenanlagen für ihre Rechnung. Außerdem baute sie noch sechs weitere „smacks" mit Bünn, um auch lebende Fische anbringen zu können. Damals legte man in England noch großen Wert auf lebend angebrachten Fisch. Daher war es für Grimsby von großer Bedeutung, daß man — im Gegensatz zu dem viel weiter flußaufwärts belegenen Hull — in dem stark salzhaltigen Hafenwasser Kabeljau und Schellfisch einige Zeit lebend halten konnte.

Diese außerordentlichen Vorteile verfehlten ihre Wirkung nicht: eine ganze Anzahl von Fischhändlern ließ sich in Grimsby nieder, aber auch viele Fischerfahrzeuge aus anderen Fischerorten der Ostküste fingen an, ihren Fang in Grimsby zu löschen. Die immer größer werdenden Zufuhren und die schnell an Zahl und Umfang zunehmenden Fisch-Versandgeschäfte, wirkten dahin zusammen, daß zehn Jahre nach der Gründung des Fischmarktes, Grimsby schon einen erheblichen Umsatz aufwies. Die neue Gründung war „über den Berg".

Ursprünglich hatten die Fischerfahrzeuge im Handelshafen, dem „Royal Dock" angelegt. Als die Fischerflotte größer wurde, schuf man südöstlich davon einen besonderen Fischereihafen (Abbild. 13 und 15), in dem etwa sechs smacks gleichzeitig an einem Ponton anlegen konnten. Nach diesem Ponton heißt noch heute der Kai des Grimsbyer Fischmarktes „pontoon", obgleich es im ganzen Hafen keine Pontons mehr gibt, sondern nur noch feste hölzerne Vorsetzen. Schon in den 60er Jahren erwies sich auch diese Anlage als zu klein für den schnell zunehmenden Verkehr. Allmählich wurden die Anlagen vergrößert, es wurden auch Schuppen gebaut für den Verkauf und das Verpacken der Fische, und schließlich wurde ein zweites Fischdock (Abbild. 14 und 15) angelegt. Aber immer, seither, ist der Verkehr schneller gewachsen, als die Anlagen vergrößert werden konnten.

Zu Ende der 80er Jahre des vorigen Jahrhunderts erreichte die Hochseesegelfischerei in Grimsby ihren Höhepunkt. Mit der Einführung des Dampfes brach eine schwere Krisis über das Gewerbe herein. Diejenigen smack-Eigner, die ihre Fahrzeuge nicht beizeiten abstießen und zum Fisch d a m p f e r - Betrieb übergingen, wurden zugrunde gerichtet, denn der Wert der Segelfischerfahrzeuge sank innerhalb kürzester Zeit von 20 000 M. auf 2000 M. Die gesunde Grundlage des Grimbyer Fischgeschäfts überwand aber die Krise, ja das Tempo der Entwicklung wurde in den nächsten 15 Jahren ein noch viel schnelleres als vorher, wie folgende Tabellen zeigen:

Die großbritannische Hochseefischerei.

Der Eisenbahn-Fischversand von Grimsby betrug in englischen Zentnern zu 50,8 kg:

1854	9 060		1885	1 413 160
1860	90 740		1890	1 427 640
1865	269 360		1895	1 849 240
1870	526 480		1900	2 675 820
1875	735 880		1905	3 073 060
1880	938 620		1910	3 595 840

In den letzten zwölf Jahren war der Wert der in Grimsby gelandeten Fänge:

	Mark			Mark
1899	35 580 722		1905	49 612 050
1900	40 581 308		1906	56 817 800
1901	38 216 940		1907	59 245 000
1902	42 639 200		1908	58 558 250
1903	44 110 198		1909	47 180 750
1904	51 832 200		1910	51 947 000

Heute ist Grimsby unbestritten der größte Fischereihafen der Erde. 650 Fischdampfer versorgen den Markt;

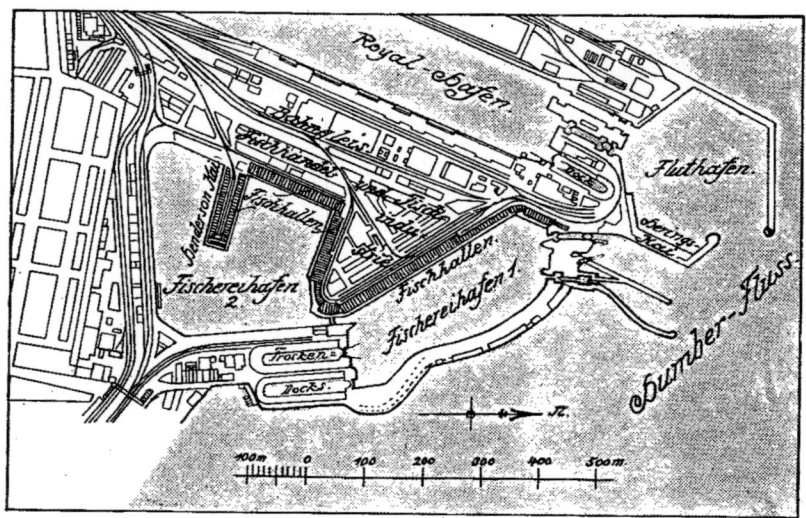

Abbild. 15. **Der heutige Fischereihafen von Grimsby.**

davon sind 559 am Ort beheimatet. Von den 90 auswärtigen, die meist aus Hull stammen, stehen 32 unter dänischer und norwegischer Flagge, die im Moray Firth fischen. Wie groß diese Zahlen sind, versteht man erst, wenn man berücksichtigt, daß die ganze deutsche Fischdampferflotte etwa 250 Schiffe umfaßt, die sich auf sechs

Abbild. 16. **Eisfabrik in Grimsby.**
Das gemahlene Eis wird direkt in den Dampfer geschüttet.

Fischereihäfen verteilen, von denen Geestemünde mit etwa 100 Dampfern der größte ist. Der Kapitalwert der Grimsbyer Fischdampferflotte beträgt jetzt etwa 80 Millionen Mark, der Wert der Fänge, die sie das Jahr über in Grimsby landet, 50 bis 60 Millionen Mark.

Die heimische Fischerflotte bestand am 31. Dezember 1910 aus 521 Scheernetz- und 38 Angeldampfern, 18 Baumnetz- und 16 Angelseglern, insgesamt aus 593 Fahrzeugen mit 5417 Mann Besatzung. Auf den 90 auswärts beheimateten Dampfern fahren noch 800 Mann, im ganzen sind also auf der Grimsbyer Fischdampferflotte 6200 Seeleute tätig. Aber außer diesen lebt die Hälfte der ganzen Bevölkerung direkt oder indirekt von der Fischerei: Die Einwohnerzahl von Grimsby beträgt heute 75 000 gegenüber 6000 im Jahre 1851.

Die Grimsbyer Fischdampfer befischen vorwiegend die Nordsee, die isländischen Gewässer und die bei den Färöer und den Shetland-Inseln belegenen Bänke. Neuerdings wird auch das Weiße Meer viel aufgesucht — oder

Abbild. 17. Henderson-Kai für Islanddampfer.

richtiger die an der Murmanküste belegenen Bänke der Barents-See. Ja weit bis in das westsibirische Meer dehnen die Grimsbyer Fischer heute ihre Fangreisen aus. So sprach ich im November 1911 in Grimsby einen Fischdampfer-Kapitän, der auf 70° 30′ O-L. gefischt hatte, d. i. noch weiter östlich als die Ostspitze von Novaja Semlja. Er hatte mit Langleinen, die mit frischen in Norwegen eingekauften Heringen beködert waren, 3000 Stück Heilbutt gefangen, die in Grimsby für 13 000 M. verkauft wurden.

Außer den 650 trawler-Dampfern landen in Grimsby während der Heringssaison, wenn die Heringsschwärme wenige Meilen vom Hafen entfernt vor der

Küste stehen, noch 300 bis 400 schottische und südenglische Herings-Dampfer und -Segler ihre Fänge.

Sehr groß ist natürlich der Kohlenverbrauch der Grimsbyer Fischerflotte. Er betrug 1910 833 420 englische Tonnen zu 1016 kg. Dabei sind mechanische Bekohlungseinrichtungen für Fischdampfer nicht vorhanden; die Kohlen werden vielmehr mit Leichtern längsseits der Dampfer gebracht und mit Handwinden aufgewunden.

Der Eisbedarf des Fischmarktes beträgt 200 000 Tonnen jährlich. Das Eis wird zum kleineren Teil aus Norwegen importiert, zum weitaus größeren von zwei Eisfabriken hergestellt. Von diesen kann die größere (Abbild. 16) 600 Tonnen zu 1000 kg, die kleinere etwa 400 Tonnen in 24 Stunden herstellen. Die größten und modernsten deutschen Eiswerke, die Cuxhavener, schaffen in der gleichen Zeit 60 Tonnen.

Der Hafen selbst (Abbild. 15) ist ein durch zwei Schleusen abgeschlossener Dockhafen; von den beiden Schleusen dient die westlich belegene nur für die Einfahrt, die östliche nur für die Ausfahrt. Der im Hafen vorhandene Raum ist für den gewaltigen Verkehr — häufig löschen 80 bis 100 Fischdampfer an e i n e m Tage im Hafen — außerordentlich beschränkt. Um den Bedürfnissen zu genügen, hat man vor einigen Jahren den Henderson-Kai (Abbild. 15 und 17) in das Fischdock II eingebaut, an dem heute hauptsächlich die Islanddampfer ihre Fänge löschen.

Die Dampfer legen nicht, wie bei uns, längsseitig, sondern mit dem Vordersteven schräg gegen die Kaje und löschen über das Vorschiff. Das ist in einem Dockhafen möglich, weil hier der Wasserstand konstant ist, das Schiff sich also nicht mit der Tide hebt und senkt. Beim Löschen der Fischdampfer arbeitet die Mannschaft gemeinsam mit von der Reederei angenommenen Löscharbeitern, jene im Fischraum, diese an Deck und auf der Kaje. Das Aufwinden geschieht mit Handkraft in ähnlicher Weise, wie bei uns die sogenannten Kohlenjumper arbeiten.

In der Halle werden die Fänge ausgelegt. Nur Schellfisch und Plattfisch, wie Schollen, Seezungen, Rotzungen u. a., werden in Kisten verpackt, alle anderen großen Fische, insbesondere Kabeljau, Köhler, Lengfisch,

Abbild. 18. **Schellfischfang eines Islanddampfers am Henderson-Kai.**

Katfisch, Heilbutt, Rochen u. a. werden direkt auf den Holzfußboden der Halle gelegt. (Siehe Abbild. 18 und 20.)

Die Auktionen werden täglich zwischen 9 und 12 Uhr abgehalten. Das Auktionswesen ist nicht, wie bei uns und in Holland, in den Händen des Besitzers der Fischhallen. Vielmehr kann jeder, der die sogenannte holländische Auktion ausüben will — bei dieser wird von oben nach unten geboten —, das ohne irgendwelche Formalitäten jederzeit tun. Wer in allgemein üblicher Weise versteigern will — von unten nach oben steigend — muß sich dazu die Erlaubnis (license) besorgen, die 10 £ kostet.

Die Konstruktion der sehr einfachen, schmalen, nach den Seiten offenen Hallen ergibt sich aus der Abbild. 19. Sie sind zu gleicher Zeit Auktionshalle, Packhalle und Eisenbahnversandhalle. Die Hallen bestehen ganz aus Holz, ebenso wie die Fundierung und die Vorsetzen. An der Wasserseite stehen kleine Buden, in denen sich die Kontore der Fischgeschäfte befinden, an der Landseite der Halle befinden sich Schilder mit den Namen der Stationen, für welche Güter angenommen werden. Dort halten die Eisenbahnwagen (Abbild. 21), die gleich von der Halle aus beladen werden. Die Halle am Fischdock II dient ausschließlich dem Verkehr mit London, wohin täglich durchschnittlich 60 Eisenbahnwagen mit frischen Fischen abgehen.

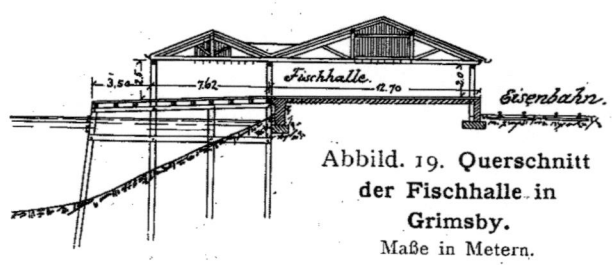

Abbild. 19. Querschnitt der Fischhalle in Grimsby. Maße in Metern.

Dank der günstigen Lage Grimsbys sind a l l e Sendungen, die heute von dort abgehen, morgen an jeder beliebigen Eisenbahnstation Englands, Schottlands und Irlands. Selbst an den Tagen größten Verkehrs kommt es nicht vor, daß Sendungen stehen bleiben. Der letzte Fischzug wartet vielmehr abends so lange, bis alles mit ist. Unterwegs auf den Anschlußstationen erfolgt dann die Weiterbeförderung mit allen Personenzügen, im Notfall selbst mit Schnellzügen!

Mehr als 500 Fischversandgeschäfte sind am Grimsbyer Fischmarkt tätig, um die ungeheuren Fischmengen täglich fortzuschaffen. Was diese Geschäfte nicht aufnehmen, geht in die Fischräuchereien, deren Zahl jährlich zunimmt, in die Salzereien und Trocknereien, die Stockfisch und Klippfisch herstellen. Alle Abfälle wandern in die Fischmehlfabriken, von denen es fünf gibt.

Auch in Grimsby wie auf dem Billingsgate-Fischmarkt in London überrascht den Kenner der kontinentalen Fischmärkte Ymuiden, Geestemünde, Cuxhaven, Hamburg-Altona, vor allem der Umstand, daß der ungeheure Verkehr mit so unzureichenden Mitteln überhaupt bewältigt werden kann. Die für Löschzwecke nutzbare Kailänge ist in Grimsby nur unwesentlich größer als in Geestemünde (1125 m gegen 1000 m); dabei werden in

Abbild. 20. **Nordseefänge in der Fischhalle von Grimsby.**

Grimsby wöchentlich durchschnittlich 400, in Geestemünde wohl nicht mehr als 50 Dampfer gelöscht. Wie groß der Verkehr ist, den man zu lebhaften Zeiten in Grimsby bewältigen muß, zeigt das Beispiel der Charwoche 1909. Von Montag bis Donnerstag dieser Woche, also an vier Tagen, wurden von Grimsby 3000 Tonnen, also 6 Millionen Pfund, frische Seefische im Werte von 3 300 000 M. abgesandt, am Mittwoch allein 1200 Tonnen, also 2,4 Millionen Pfund! Die Größe dieser Zahlen ergibt sich erst, wenn wir auch hier wieder mit deutschen Verhältnissen vergleichen: Der J a h r e s versand von Geestemünde betrug 1909 etwa 30 000 Tonnen, der von Cuxhaven im gleichen Jahre 5000 Tonnen. Grimsby konnte also in vier Tagen den zehnten Teil des Jahresversandes von Geestemünde bewältigen und mehr als die Hälfte des Jahresversandes von Cuxhaven. Man ist sich übrigens jetzt in Grimsby darüber klar, daß man etwas tun muß, wenn man den Verkehr weiter vergrößern will. Seit 1907 hat sich nämlich der Fischereiverkehr Grimsbys nicht weiter entwickelt. Die in diesem Jahr erreichten Umsätze sind bisher weder an Menge (3 747 000 englische Zentner) noch an Wert (59 245 000 Mark) wieder erreicht worden. Jetzt ist geplant, dem Humber, östlich von den Fischdocks I und II, einen dritten Fischereihafen abzugewinnen (Abbild. 15). Durch diesen sollen dann alle Fahrzeuge, welche die Grimsbyer Fischereihäfen verlassen wollen, ihren Ausgang nehmen. Die am Nordende des Fischereihafens I belegenen Schleusen würden dann nur noch der Einfahrt dienen. Die Ausführung dieses Projekts kostet 10 Millionen Mark; damit deren Verzinsung gesichert wird, haben die Reeder

Abbild. 21. Rückseite der Fischhalle von Grimsby mit den Eisenbahngleisen.

Abbild. 22. Der Fischereihafen von Grimsby während des Streiks der Fischdampferleute im Jahre 1901.

einer Erhöhung der Hafenabgabe, die jetzt 2 d für die Brutto-Tonne beträgt, auf 2½ d und der Grundmiete von 1 sh für die Quadrat-Elle auf 1½ sh zugestimmt.

Der zweitgrößte britische Fischereihafen war früher Hull, jetzt ist es Aberdeen in Schottland: Der Umsatz hatte dort im Jahre 1910 einen Wert von 21 800 000 Mark

Heringsfischerei mit Treibnetzen wird von Aberdeen aus schon seit Jahrhunderten betrieben; auch Langleinenfischerei mit Segelfahrzeugen wurde, meistens in Küstennähe, ausgeübt, und zwar hauptsächlich auf Schellfisch, Kabeljau, Wittling, Flunder und Rochen. Eine Hochseesegelfischerei mit Grundschleppnetzen aber hat es in Aberdeen nie gegeben, hauptsächlich wohl, weil die Schleppnetzfischerei innerhalb der schottischen Hoheitsgrenze gesetzlich verboten ist und daher als Küstenfischerei nie existiert hat. Aus diesem Grunde hat sich eine Hochseefischerei aus örtlichen Anfängen nicht entwickeln können.

Erst mit der Einführung des D a m p f e r s in den Grundschleppnetzbetrieb fand dieser auch Eingang in Aberdeen. Im Jahre 1883 stellte man dort die ersten Fischdampfer in Fahrt, im Anfang meistens umgebaute Rad-Schleppdampfer. In den nächsten Jahren entwickelte

Abbild. 23. Hafeneinfahrt von Aberdeen, im Hintergrund die offene Nordsee.

sich das neue Gewerbe recht bescheiden. Trotzdem hatte man in Aberdeen seine Aussichten richtig erkannt. Im Jahre 1887 schuf man an der Nordseite des Albert-Bassins (Abbild. 24) einen Kai zum Anlegen und Löschen der Fischdampfer und eine Fischhalle von 500 Fuß Länge und 40 Fuß Breite für den Verkauf und Versand der Fische. Die Anlagen sind seither in dem Bestreben, dem zunehmenden Verkehr z u v o r z u k o m m e n, wiederholt vergrößert und umfassen jetzt fast die ganzen Ufer des Albert-Bassins, das heute nur noch dem Fischereiverkehr dient. Die Fischhallen haben heute eine Länge von 2000 Fuß und im neueren Teil eine Breite von 50 Fuß.

Sie sind sehr zweckmäßig angelegt, geräumig, sehr sauber und ordentlich gehalten und bilden damit einen auffallenden Gegensatz zu den Hallen von Grimsby.

Die Halle (Abbild. 25) dient in Aberdeen — im Gegensatz zu Grimsby — nur der Auktion der Fische (Abbild. 28). Nach der Auktion werden die Fischkisten mit Pferde-Fuhrwerk (Abbild. 26) in die in der

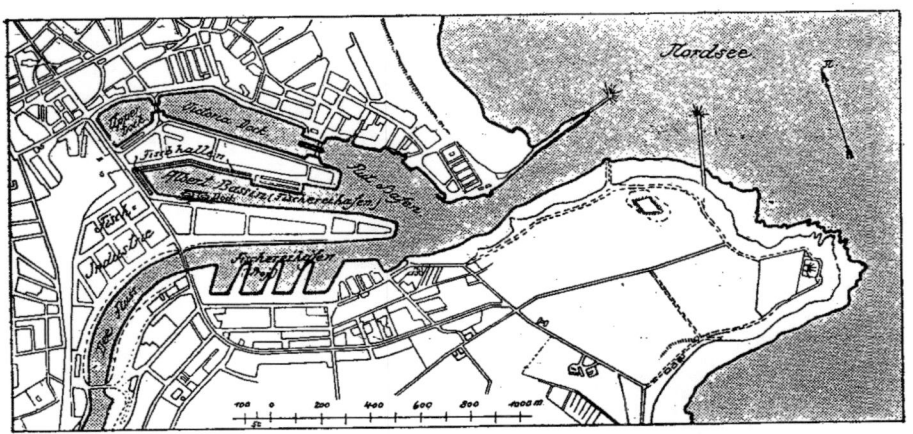

Abbild. 24. **Lageplan des Hafens von Aberdeen.**

Umgegend des Fischmarktes belegenen Packräume der Versandgeschäfte gefahren, dort bahnfertig gepackt und dann zu dem wieder an anderer Stelle belegenen Versandbahnhofe gebracht. Einschließlich der Industriellen sind am Aberdeener Fischmarkt etwa 240 Käufer vorhanden.

Die Entwicklung des Aberdeener Fischereiverkehrs ist eine geradezu glänzende gewesen. Die Menge und der Wert der in Aberdeen gelandeten Fänge betrug in den letzen 24 Jahren in englischen Zentnern zu 50,8 kg und Mark:

	Zentner	Mark		Zentner	Mark
1888	181 317	2 089 790	1891	300 524	4 332 101
1889	193 845	2 429 311	1892	355 603	4 843 596
1890	252 247	3 466 960	1893	414 251	5 411 118

	Zentner	Mark		Zentner	Mark
1894..	472 152	5 685 972	1903..	1 666 942	16 788 700
1895..	531 902	6 158 507	1904..	1 764 207	16 197 091
1896..	592 703	6 885 581	1905..	1 543 786	17 151 407
1897..	650 809	7 739 488	1906..	1 564 088	17 506 304
1898..	756 896	9 138 510	1907..	1 785 266	18 092 992
1899..	886 037	11 017 151	1908..	1 930 760	18 480 893
1900..	947 633	12 667 524	1909..	1 844 418	17 951 727
1901..	1 154 500	14 864 796	1910..	1 934 806	21 118 833
1902..	1 553 894	16 580 625	1911..	2 241 435	21 801 545

Die Zahl der in Aberdeen beheimateten Scheernetzdampfer (steam-trawlers) betrug 1882 2, 1890 23, 1900 102 und 1911 230; dazu kommen noch 53 Angeldampfer

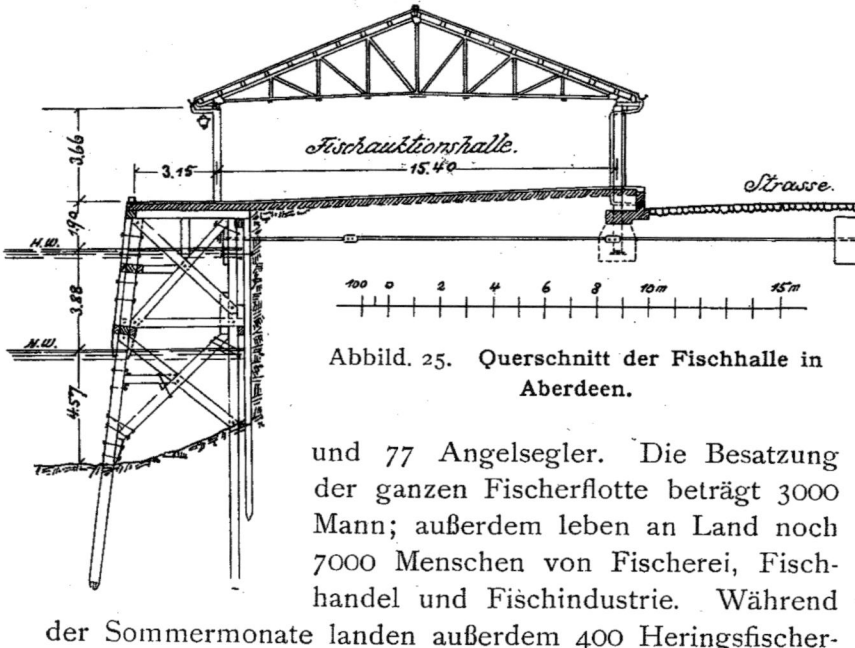

Abbild. 25. Querschnitt der Fischhalle in Aberdeen.

und 77 Angelsegler. Die Besatzung der ganzen Fischerflotte beträgt 3000 Mann; außerdem leben an Land noch 7000 Menschen von Fischerei, Fischhandel und Fischindustrie. Während der Sommermonate landen außerdem 400 Heringsfischerfahrzeuge, Dampfer und Segler, ihre Fänge in Aberdeen, die teils am Platz, zum größten Teil aber an den nahe belegenen schottischen Fischerorten beheimatet sind.

Die Aberdeen Scheernetzdampfer fischen hauptsächlich in der nördlichen Nordsee, ferner bei den Shetland-Inseln und den Hebriden. Nur wenige Dampfer befischen die Gründe bei den Färöer, St. Kilda und an der Westküste von Irland. Auch die isländischen Gewässer werden von den in Aberdeen beheimateten Dampfern nur wenig befischt. Die näher bei Aberdeen belegenen Fischgründe ergeben so reiche Erträge, daß den dortigen

Abbild. 26. **Rückseite der Fischhalle von Aberdeen mit den Wagen der Fischhändler.**

Reedern die Islandfischerei nicht lohnend genug erscheint. Trotzdem sind Islandfische aber ein g r o ß e r Artikel auf dem Aberdeener Fischmarkt: sie werden dort von deutschen Fischdampfern in großen Mengen angebracht. In der Zeit vom Juli 1910 bis Juni 1911 wurden von insgesamt 347 deutschen Scheernetzdampfern 225 893 englische Zentner gelandet. Das sind ganz außerordentlich große Mengen, halb soviel, wie die gesamte Jahresanfuhr des größten deutschen Fischereihafens Geestemünde 1910 betragen hat. Die deutschen Fischdampfer bringen ihre isländischen Fänge in Aberdeen an, weil sie dafür leider

Abbild. 27. **Fischdampfer am Ladekai des Fischereihafens von Aberdeen.**

in den Heimatshäfen keine entsprechende Verwendung finden. In den schottischen Häfen werden die Anfuhren, die zum größten Teil aus Kabeljau und Köhler bestehen, zu Klippfisch und Stockfisch, meistens für den Export verarbeitet. Erst in den letzten Jahren hat man in Geestemünde angefangen, das gleiche Fabrikat im Heimatshafen herzustellen. Es ist zu wünschen, daß auf diesem Wege recht bald weitere Fortschritte erzielt werden. Die Aberdeener Fischdampferreeder werden dann das Rohmaterial für die dortigen Stockfisch- und Klippfischfabriken selbst produzieren müssen.

Außer diesen Fabriken liegt westlich vom Fischmarkt eine ganze Stadt von Fischindustriebetrieben (Abbild. 24), im ganzen etwa 100, meistens Räuchereien, aber auch Fabriken, die Fischkonserven in Blechdosen für den Export in großem Umfang herstellen. Es gibt auch einige ganz große Betriebe, welche in mehreren Abteilungen die verschiedenen Zweige des Fischgeschäfts pflegen, wie Frischfischversand, Räucherei, Trocknerei, Fischmehl- und Tranfabrikation.

Vier Eisfabriken, die Tag und Nacht arbeiten und 120 000 Tonnen jährlich produzieren, versorgen Fischdampfer und Fischversandgeschäfte.

An Kohlen, die hier von Land aus mit Wagen an die Schiffe gebracht und eingeschüttet werden, braucht die Aberdeener Fischdampferflotte etwa 330 000 Tonnen jährlich. Zwei Schwimmdocks (Abbild. 24) von 425 und 600 Tonnen Tragfähigkeit dienen ausschließlich den Fischdampfern. Jede Dockung kostet etwa 95 M.

Die Verwaltung von Hafen und Markt liegt in verschiedenen Händen. Die Fischhallen gehören dem Stadtrat (Town Council), der in ihnen auch die Fischereiaufsichtsbehörde ist, die Häfen aber der Hafen-Kommission (Harbour Commissioners), einer durchaus selbständigen Korporation mit eigener Vermögensverwaltung, die für ihre Kosten die Häfen und sonstigen Anlagen erbaut hat. Die Hafen-Kommission verwaltet die Häfen von Aberdeen seit etwa 120 Jahren; auf Grund der alten Verträge gehen die gesamten Hafenanlagen aber im Jahre 1923 wieder in das Eigentum der Stadt zurück.

Abbild. 28. **Heilbuttfang in der Fischauktionshalle in Aberdeen.**

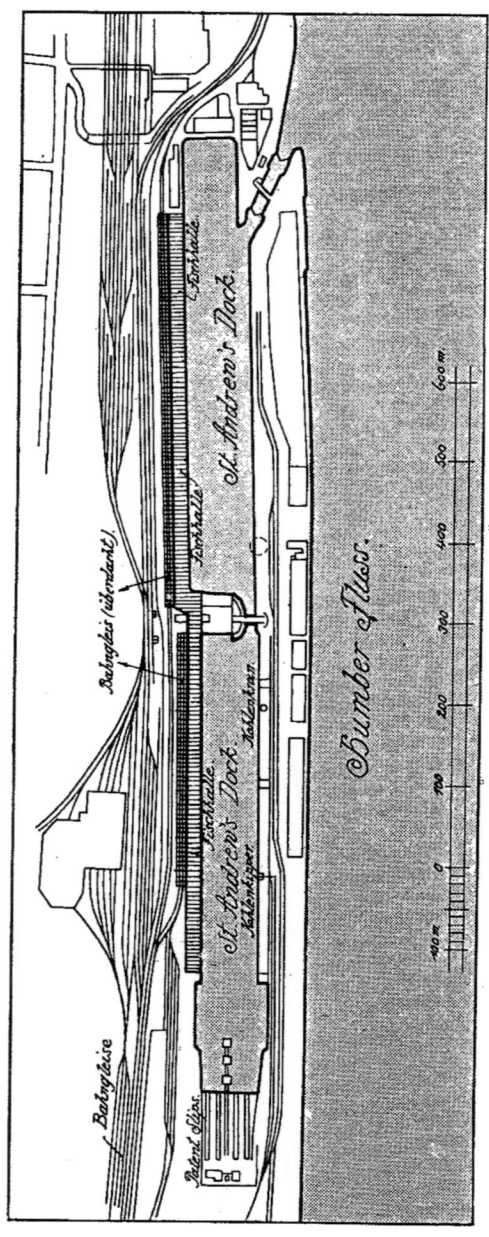

Abbild. 29. Lageplan des Fischereihafens von Hull.

Die Hafenabgaben betragen 6 sh für jedes Anlegen und außerdem jedesmal 4 d für die Registertonne. Außerdem werden Marktabgaben erhoben. Die Hafenabgaben bringen jetzt jährlich etwa 200000 M.; die gesamten Einnahmen von Stadtrat und Hafen-Kommission aus der Fischereiindustrie an Hafen- und Marktabgaben, Grundmieten von Fischhandel und Fischindustrie, Dockabgaben u. a. betragen jetzt nach einer Schätzung des Hafendirektors, Herrn N i c o l, 600000 M. jährlich.

Die Hafen-Kommission baut zurzeit, mit einem Kostenaufwand von etwa einer Million Mark, einen Teil des neuen Fischereihafens an der Südseite des

Flusses Dee; von den in Abbild. 24 eingezeichneten vier Hafeneinschnitten wird zunächst nur der östlichste ausgeführt. Die gesamte Anlage wird einen Kostenaufwand von etwa 4 Millionen Mark erfordern. Die maßgebenden Stellen in Aberdeen vertreten den sehr richtigen Standpunkt, daß nur diejenigen Fischereihäfen sich in günstiger Weise weiter entwickeln werden, die dem Fischereiverkehr genügend große und bequeme Hafen- und Markteinrichtungen bieten; daher kommt man im Gegensatz

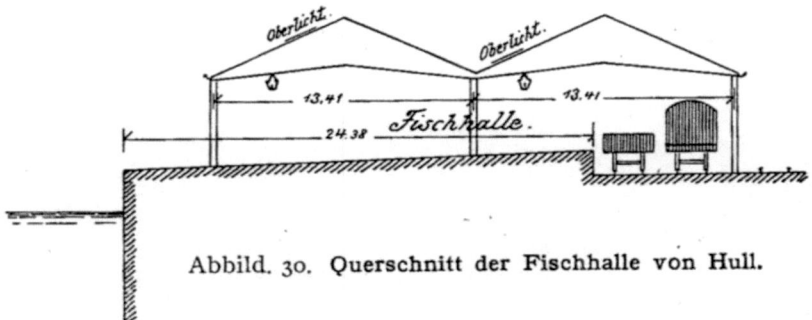

Abbild. 30. Querschnitt der Fischhalle von Hull.

zu Grimsby den Bedürfnissen des Verkehrs durch den Bau geeigneter Anlagen zuvor.

An der dritten Stelle der britischen Fischereihäfen steht Hull mit einem Umsatz von 16 Millionen Mark jährlich. Hull ist der älteste der großen Fischmärkte. Der Markt wurde, wie schon erwähnt, im Jahre 1840 durch die Brixham-Fischer gegründet. Er hat seit Jahren einen schweren Stand gegenüber dem soviel günstiger gelegenen Grimsby gehabt. Trotzdem hat Hull immer große Segler- und Dampferflotten auf die Fischgründe ausgesandt. Die Huller Flotte umfaßte an trawler-Fahrzeugen 1908 40 Segler und 450 Dampfer mit einer Besatzung von etwa 4800 Mann, außerdem waren dort noch acht Angeldampfer beheimatet. Von der Dampferflotte fährt ein sehr großer Teil nach fremden Häfen;

180 Dampfer allein versorgen, wie schon erwähnt, den Billingsgate-Fischmarkt in London; viele Huller Dampfer löschen ihre Fänge in Grimsby. Außer der Zufuhr durch die eigene Flotte erhält der Markt große Einsendungen aus Norwegen und Schweden, hauptsächlich an Heringen, Lachs, Heilbutt, Hummer. Der Bedarf der Fischdampferflotte an Kohlen be-

Abbild. 31. St. Andrewsdock, der Fischereihafen von Hull.

trägt 500000 Tonnen. Der Hafen besitzt besonders interessante mechanische Bekohlungseinrichtungen, u. a. einen Kran zur direkten Bekohlung der Fischdampfer, der einen großen Fortschritt den bisherigen Methoden gegenüber bedeutet. Außer den vielen Fischversandgeschäften sind etwa 50 Räuchereien vorhanden, von denen einige je 25 Tonnen Schellfisch und Heringe täglich verarbeiten können. Fünf Eisfabriken mit einer Leistungsfähigkeit von 290 Tonnen täglich, versorgen Fischdampfer und Fischgeschäfte, reichen aber für den Jahresbedarf von mehr als 100000 Tonnen nicht aus, so daß noch große Mengen Eis von Norwegen importiert werden. — Docks für Fischdampfer fehlen, doch finden sich am Westende des Hafens vier Patentslips (Abbild. 29).

Der Markt ist Eigentum der North Eastern Railway Co., einer sehr kapitalkräftigen und gut rentierenden Gesellschaft. Die technischen Einrichtungen sind ausgezeichnet angelegt und sehr gut gehalten. Bemerkenswert

Abbild. 32. Das Beladen der Eisenbahnwagen in der Fischhalle von Hull.

ist, daß die Eisenbahnwagen in die Fischhalle hineinfahren und dort beladen werden (Abbild. 30 und 32).

Von den nach Grimsby, Aberdeen und Hull bedeutendsten Fischereihäfen liegen Fleetwood, Milford und Swansea an der Westküste, London-Billingsgate, North Shields und Lowestoft an der Ostküste Englands. Die ersten fünf werden vorwiegend von Fischdampfern, der letzte, Lowestoft, ausschließlich durch die am Ort beheimatete S e g e l fischerflotte (etwa 300 smaks) versorgt.

Die Bedeutung dieser Fischereihäfen ergibt sich aus der

folgenden Tabelle, welche den Wert der Frischfischfänge für die 15 größten britischen Fischmärkte enthält und zum Vergleich die entsprechenden deutschen Zahlen für 1909 gibt.

Britische Fischereihäfen	M.	Deutsche Fischereihäfen	M.
1. Grimsby[1])	44 793 771		
2. Aberdeen[1])	20 602 069		
3. Hull	16 025 587		
4. London (Billingsgate)	14 379 171		
5. Fleetwood	8 301 864		
6. Milford	7 011 697		
7. North Shields	6 507 520	Geestemünde	6 776 512
8. Lowestoft	4 780 067		
9. Swansea	2 763 953	Hamburg	2 487 558
10. Ramsgate	1 616 507	Altona	1 989 198
11. Liverpool	1 408 965	Nordenham	1 555 778
12. Boston	1 359 170		
13. Cardiff	1 280 819	Bremerhaven	1 177 351
14. Plymouth	1 119 279	Cuxhaven	1 123 452
15. Hartlepool	1 036 644		

Nur zwei deutsche Fischereihäfen, Geestemünde und Hamburg, hatten demnach einen Jahresumsatz von mehr als zwei Millionen Mark, gegenüber neun britischen. Und alle deutschen Fischmärkte zusammen hatten noch nicht soviel Umsatz an eigenen Fängen wie der drittgrößte britische Fischmarkt, Hull.

Im einzelnen setzte sich der Fang der britischen und der deutschen Hochseefischerei im Jahre 1908 folgendermaßen zusammen:

	Großbritannien und Irland	Deutschland
Hering	47 211 460 M.	7 248 261 M.
Schellfisch	42 976 720 „	4 921 481 „

---

[1]) Die hier angegebenen Umsätze stimmen mit den auf S. 19 und 30 für Grimsby und Aberdeen genannten nicht überein. Der Grund der Unstimmigkeit ist der, daß erstere dem Jahresbericht des Board of Agriculture and Fisheries, letztere lokalen Berichten entnommen sind; welche Zahlen zutreffen, ist nicht festzustellen.

	Großbritannien und Irland	Deutschland
Kabeljau	29 890 280 M.	1 525 895 M.
Scholle	21 084 260 „	1 379 102 „
Seehecht	11 031 060 „	117 633 „
Heilbutt	9 708 260 „	331 381 „
Seezunge	8 931 400 „	599 633 „
Steinbutt	5 754 460 „	630 630 „
Makrele	5 531 020 „	36 428 „
Rochen	5 156 320 „	171 913 „
Schaltiere	8 371 840 „	613 989 „
Island- und Ostseefische	—	8 808 358 „
Verschiedene	23 677 980 „	2 841 000 „
	219 325 060 M.	29 225 704 M.
Davon England	160 844 320 „	
Schottland	51 724 480 „	
Irland	6 756 260 „	

Auf der Fischerflotte von 3100 Dampfern und rund 17 000 Seglern, die diese Fänge zusammenbrachte, fuhren im Jahre 1909 107 026 Mann, zum großen Teil eine stets bereite Reserve für die Kriegsflotte. Die Zahl der deutschen Nordseefischer betrug im gleichen Jahr 7649 auf 290 Dampfern, 426 Seglern und 2000 Booten, die der Küsten- und Haff-Fischer der Ostsee rund 14 000 auf 11 000 kleinen Fahrzeugen und Booten.

Von dem britischen Fang des Jahres 1908 im Werte von 219 325 060 M. wurden 94 382 984 M. exportiert, davon beinahe die Hälfte, nämlich für rund 40 Millionen Mark nach Deutschland; unter diesen 40 Millionen waren für 32 Millionen Mark Salzheringe. Deutschland verbrauchte also von den Fängen der britischen Fischerflotte noch für 10 Millionen Mark mehr, als von denen seiner eigenen Fischer.

Möchte die Gegenüberstellung dieser Zahlen aufs neue beweisen, wie notwendig es ist, daß wir den deutschen Anteil an der Befischung der Nordsee und des Nordmeeres nach Möglichkeit vergrößern.